바다, 모른다고 한다

문영 시집

서정시학 시인선 163

서정시학

겨울 뚫고 나온 눈물 빛이 아니라면
그게 아니라면, 어찌
꽃들이 물을 담고 가서 불의 향기를 이루겠는가
불을 안고 가는 물의 걸음이겠느냐
그게 아니라면 어떻게, 이 땅에 피를 흐르게 하고
지구에 호흡을 맞추는 우리의 심장이겠느냐

봄이 흘린 울음 피가 아니라면
그렇지 않다면, 어찌
꽃들이 물처럼 흐르는 불로 타오르겠는가
불처럼 타오르는 물의 향기겠느냐
그렇지 않다면 어떻게, 이 땅에 피를 돌리고
우주의 생명을 낳게 하는 우리의 걸음이겠느냐

— 「걸어라, 꽃」 전문

바다, 모른다고 한다

시인의 말

꽃 피고 지는 시간이 간절한 고백이며
삶의 틈새가 아픈 기도로 가득하거늘
왜 듣지 못하는가.
순간순간이 생명의 걸음이며
사이사이가 신음인 것을
왜 말하지 못하는가.

시는 삶이 자랑할 게 없다는 것을 고백하는 언어다.
시는 침묵을 말하는 언어다. 시간을 견디며 걸어가는,
어디에나 있지만 아무 곳에도 없는 유령의 언어가 시다.
시는 허무를 인정함으로써 허무를 극복하고 망함으로써
영원을 추구한다. 망할 줄 알면서 14년 만에 시집을 내는
느림이여. 낙화烙畵여.

2020년 1월

문 영

차례

시인의 말 | 5

제1부 몽돌, 참 참 참

서시 | 13
반구대 암각화-로그인 | 14
구름 노을 | 15
불타미아 | 17
서정리 바다 | 19
봄날에 경배하다 | 21
노동과 자본 | 22
하늘 물이 흐르는 | 23
수평선 | 24
잠깐 갔다 온다던 | 25
몽돌 파도 | 26
망집 클라우드 | 27
신진우 씨 댁 농가 2 | 28
영을 위한 에튀드 | 30
그날 이후 1-지구 병동에서 | 32
그날 이후 2-알렉시예비치 강연 | 33

제2부 시간의 구멍

찬밥 | 37
학꽁치 시 | 39
새들이 허공에 점점, 점, 점 | 40
시인의 공부법-故 김규동 선생 | 41
빨래 벌레 | 42
해거름 운문사 | 43
모과! | 45
낙지 | 46
진해에 와서 | 48
아, 나무는! | 50
바다는 방어진의 운명입니까 | 51
지평선의 꿈 | 53
그림자 춤 | 54
시각 시 1-난민 | 56
둔황시첩 | 57

제3부 저문 바다에 유령이 와서

풀잎의 눈 | 63
바다, 모른다고 한다 | 64
달이 지나가는 동안-구룡포에서 | 65
삽화 | 66
학동 포구, 몽돌밭 | 67
가을 물소리 | 69
가을은 아날로그 | 70
겨울, 감은사지 부근 | 71
가을밤 홀로걷기 | 72
기다림에 대하여 | 74
바보 노래 1 | 76
가을 기도-홍수진 시인에게 | 77
똘레도-심수구 화가 | 78
스친 자리마다 통풍이 | 79
저문 바다에 유령이 와서 | 80

제4부 걸어라, 꽃

동백 나뭇잎에 머물다 가는 통영 바다는 | 83
걸어라, 꽃 | 84
목련을 읽다 | 85
봄날 간다 | 86
감은사 싸리꽃 | 89
와이파이 배꽃통신 | 90
동백꽃 통신 | 91
내 안에 꽃집 | 93
통영 바다 저녁의 시-김춘수 선생 생각 | 95
달아 포구에서 | 97
소매물도 바닷길 | 99
바보 노래 2 | 100
겨울나무의 시 | 102
등대 | 103
해설 | 부재와 역설의 바다를 떠도는 꽃 **박남희** | 104

제1부

서시

꽃 마중 하러 갈까요
꽃 피는 날도 보고요

상처가 꽃인 줄
꽃이 고백인 걸
몰랐어요!
저도 그래요
함께 갈까요

꽃 구경 하러 왔다고요
꽃 지는 날도 있다고요

이건, 참 비밀인데요, 꽃은
빛과 비바람 따라 걷는다지요

반구대 암각화
―로그인

진창 뻘밭 걸어간다
계곡 물소리 낄낄거리며 암벽을 어르고 두드린다

문명이 고래 사슴 멧돼지 호랑이들을 몰아내고
재財, 물水을 채워 넣었다

과거는 참을성 없이 부풀어 올랐다

내 생은 돌팔이,
내 목숨은 날파리
처럼 유동한다

슬퍼서 아름다운 황무지란 없다
죽음을 살리는 건 죽음이다

암각화는 디지털이 아닌 생명의 로그인
아이디 : 쿠마 무녀*처럼
비밀번호 : 날 가두어 물 먹이지 말고, 놔 달라

* T.S 엘리엇 : 「황무지」 제사題詞

구름 노을

얼음 바람이 도로와 골목을 휘젓고 다니는데
겨울 저녁, 구름은 어디로 흘러가시는가

시간의 발목이 저려
        말의 미세먼지가 서걱댄다
혀는 물을 찾는다

살아온 날은
        어둠에 입 맞춘 빛과 걸은 길
살아갈 날은
        절룩거리며 사라진 빛이 걷는 길
너는 뭘 했는가
        나는 뭘 할 수 있느냐고 묻는
침묵하는 고백이 귀를 달고
        바람의 말을 듣는다

겨울 하늘 새 떼의 걸음
        흘러가는 하늘 물무늬

생이 고개 돌려 읽는
　　　　　　　　　　　시간의 발바닥
　　 순간, 눈빛 점자들 사이
　　　　　　　　　　　불꽃이 번진다

　　구름 노을이여
　　검붉은 동백꽃 한 다발 들고 어디로 가시는가

불타미아

불타미아 묘지에,
개나리 진달래꽃 잠시 허공에 머물다 갑니다
풀들은 햇빛 줄기세포를 따라 오릅니다
산벚꽃이 나무 벼랑에서 번지 점프를 합니다
꽃잎은 꽃의 이름을 빌려 바람을 탑니다
무덤들이 줄을 서서 헌화를 기다립니다
체불된 비석들이 얼굴에 하얀 선크림을 바릅니다
돌멩이는 소란스런 고요 속에서 묵언을 던집니다
돈 걱정 목숨 걱정의 시간이 지구에 머물다 가면
불타미아 묘지엔,
소리 없는 소리만 남습니다

하루살이는 하루를 온몸으로 채웁니다
하루도 사는 듯이 살아보지 못한 사람을 생각하다
이방인처럼 마음이 뜨끔뜨끔 저려옵니다
죽음은 없고 언어만 남은 묘지에는
하루살이 시간만 가득합니다
하루는 생의 그물코

하루는 잠자리의 눈
불타미아, 하루가 삶의 티끌이라 해도
하루보다 더 큰 시간은 없고
삶이 하루의 모래알이라 해도
하루보다 더 큰 우주는 어디에도 없습니다

서정리 바다

1

겨울이면 고장 난 것들 앞에
붉은 신호등 깜박거리는 동백꽃

길은 신발을 벗어 내려놓고
노인 요양병원에서 손을 흔든다

옆구리가 시린 서정리 바다

갯펄 말뚝이 귀를 열고
바다가 우는 소리를 듣는다

2

당신이 걸어온 바다를 기억한다
당신이 지고 온 바다를 추억한다

<
물 빠진 뻘밭
바람을 마시다 주저앉는 시간

바다에 비문을 새긴,
파도의 생애를 읽는 갈매기

갯강구 갯고둥 뻘게 친족들이 다녀갔다
따개비 홍합 석화 자식들이 곡을 한다

당신이 누운 바다를 조문한다
당신이 지나온 바다가 떠난다

3

쓰린 길을 쓸어 담아
우주로 택배 부치는 서정리 바다여
흘러가고 사라지는 생을 사랑한다고
간신히 울음 삼킨 고백이여

봄날에 경배하다

오리 떼가 도시 개천에서 노닥거린다
모가지를 스프링처럼 구부렸다 폈다
밥을 구걸하다, 하수구 물에
젖은 몸을 털기도 한다

벚꽃 환송 축제에 취한 시인은
시멘트 바닥을 향해 목례를 한다
꽃잎이 떨어진다, 흰 머리칼이
오리 목처럼 쓸쓸하다

세상이 더러워서가 아니라 야비해서
오리는 고개를 꾸벅이는 거라고
벚나무가 꽃잎을 흩뿌리며 손을 흔들 듯
생을 위해 어떤 목숨은 떠나는 거라고
봄날, 시인은 경배를 한다

노동과 자본

공중에 길 내며 가는 새 떼
우두머리 새가 방향 바꾸어
눈 맞추러 올 때 고도를 높여
피해갔다는 비행기 조종사

어떤 생각이 하늘 길을 바꾼 것일까
온몸으로 돌진한 새는 어떤 눈빛이었을까

고공 농성의 노동
방탄 유리벽 자본

하늘 물이 흐르는

 달은 수억 광년의 어둠을 뚫고 와 지구 얼굴에 빛을 뿌린다 여자는 돌부처 앞에 엎드려 절을 한다 양말 발바닥에 뜬 원광이 숨바꼭질을 한다 둥근 엉덩이가 달을 품는다

 삶의 고픔과 달픔 사이에 뜬 참배와 추모를 금하는 목소리가 달빛을 베라고 명령한다 모두가 아파 누구도 위로받지 못하는 세월이 달을 따라 통곡 감옥에 갇힌다

 달이 독경을 읽는다 빛은 아무도 대신 비추지 않는다 그림자는 누구도 대신 그늘을 남기지 못한다 달을 따라간 월경의 자식들이 남긴 길에서 은행나무가 노란 리본을 달아준다

 아이들이 간다 달이 진다 빛은 어둠 속에서 태어난다, 하늘 물이 흐르는

수평선

연해주로 가는 유월 봄바다
시랜드호는 물거품으로 뱃길을 잡는다
밤하늘은 말하지 않아도 별빛을 찍어
누구에게는 곡음이었을 길을 밝히지만

내 눈은 바다를 기어 다닌다

바람은 동해에서 불어와, 젊은 아버지
오징어잡이 집어등을 켜놓고
흑백 시간 속으로 흘러갔다
울컥 성내며 욕 때리는 일밖에 취미라곤 없는 아버지
떠돌이별을 외우고
외로움을 번역하는 입술이
삶의 동냥 배낭을 메고 간 생애를 읽는다

내 몸은 수평선을 걷는다

가슴앓이와 멀미는 바람이 하는 일
함께 가는 수평선이 용서를 말하자
바다가 지구 눈에 검푸른 아이 라인을 그린다

잠깐 갔다 온다던

　우연과 필연은 생의 합병증, 시장에 내다파는 글보다야 죽은 나무에 물 주는 수도사 이야기*가 절망의 희망이지 아니라면, 이런 유튜브를 보는 게 어때

　오십 년 넘게 함께 살던 쓸개와 간 떼어내고 병실 침대에 누워 이별의 아픈 가로수를 보며 달랠 때 수술실 입구에서 남편에게 잠깐 갔다 올께, 라고 하던 여자의 말 몸에 넣고 캄캄한 우주를 헤매다 돌아온 내가, 갔다가 돌아오지 못한 목소리를 *끄*집어내어 들을 때 진통제를 뚫고 솟아나는 신음보다 무서운 잠시 갔다 올께! 링거 줄 주렁주렁 몸에 달고 흘러가고 오는 강물을 뼈저리게 바라볼 때 바보, 못 온다고 미리 말했으면 컴컴한 시간은 잘라내고 재생 편집을 해둘 걸, 바보

　진실은 누구도 알 수 없어, 한 다리를 허공에 두고 전봇대에 오줌 눈 개가 몸을 바르르 떠는 사이 환생이 찌릿찌릿한 아, 잠깐 갔다 온다던

　* 타르코프스키 영화 '희생'

몽돌 파도

저어기, 저곳
바다 휘파람 휘, 휘, 휘리릭
청동빛 하늘 문을 열면서 오네

입을 벌려라 욕망이여
비린내 나는 말의 이빨이여
하얀 소금에 절여서
살다가 흘린 눈물 찌꺼기를
출렁출렁 빛나게 하라

바다 울음 말았다 펴는
저기, 저곳에 오, 오, 쏴르륵
바다의 시퍼런 입술이 해변을 쪽쪽 빨자
바닥을 기는 것들의 삶에
몽돌, 참 참 참
절창으로 터지네

망집 클라우드

　공동묘지에 아파트가 들어섰다 인간의 잠을 덮는 야광 충 빛 아래에 빛이 깔렸다 시간의 날개를 달고 아파하는 아파트

　나무와 새들이 살고 싶어 했던 공중정원엔 구름 밥을 먹고 아이들이 구름 학교로 구름 가방을 메고 구름 학원으로 몰려다닌다 떼거리로 몽글몽글 떠다닌다 구름 잡는 구름 발 없는 신발을 끌고 다닌다

　구름 숭배는 시인들의 오랜 내력이자 종교, 지구 사원엔 바람의 신도들이 구름 메시아를 찬양하다 눈이 사라진다 바람 귀를 뺀다 혀 빠진 입술을 외운다 누구나 말하지만 아무도 듣지 못한, 클라우드

　… 번개를 달고 천둥이 울린다 귀를 잠근 공동묘지에 재개발 아파트가 들어섰다, 망집 클라우드

신진우 씨 댁 농가 2

서생 바다 가까이 살던
신진우 씨 댁 농가는 어디로 갔나
탱자나무 울타리는 어디로 갔나
실종신고를 내어도 돌아오지 않는
주인을 찾으러 갔나
감나무 아래 놀던 닭이며 강아지들은
대숲 푸른 뱀이며 참새 떼는 다 어디로 갔나
과수원 배꽃은 어디로 갔기에 코빼기도 보이지 않나
털털, 삶의 짐을 털던 경운기며
바다 소리를 따라 낮게 흐르던 도랑물
가스 불에 저녁이 익던 집
공손히 인사하던 밥상은 모두 어디로 갔나
핵발전소 동굴을 따라 갔나
죽음은 주검을 모르기에 감옥 돔을 지었나

복원되지 않는, 파일의 생이여
충전되지 않는, 목숨의 단층이여

<
사람의 집은 어디에 있나
신진우 씨 댁 농가는 어디로 갔나

영을 위한 에튀드

1

숫자를 말하니 모래가 쏟아진다 오늘이라고 말하니 어제가 온다 생을 헤아리자 영이 온다 컴퓨터와 자동차를 먹는 도시 머리도 몸도 없는 너를 부르니 모래가 쌓인다 **CCTV**와 **GPS**가 지켜주는 눈도 얼굴도 없는 빛 소리의 그물망 도시는 영의 반죽덩어리 지금이라고 부르니 과거가 온다 하나 둘 세니 영이 달려온다

숫자가 시간의 젖통을 빨다가 일어선다 걸어간다 모래더미에 빠진다 영을 찾아 헤맨다 잃어버린 시간을 인공지능이 검색한다 과거는 늙어버린 아이 현재는 피 흘리는 미래 삶은 자해하면서 쌓는 무덤, 영

2

시간이 예고 없이 전셋집 계약을 파기해 우주로 이사 가는 날이 오자 생의 담보 빚보증은 숫자놀이 계주에게

이자로 넘어간다 해골 빈방 채우다 헛바람 난 검색사이트는 지구 전당포에 맡겨지고 카페 블로그 카톡 밴드 나대던 SNS는 복구 불능함에 던져진다

   하늘에서 춤추다 사라지는 눈처럼
   귀도 입도 없는 나의 하느님
   삶의 그림자를 클릭하면
   나타나는 유령,
   영

그날 이후 1
   −지구 병동에서

시린 발목, 여기까지 왔다
잠 못 드는 밤에 솜버선을 감싸며
병실에서 엿듣는

니가, 아프다고 하면 난 죽고 싶어

부들부들 몸 떠는
나뭇잎, 겨울비 젖은 자리
새의 붉은 발이 깃털을 끌어당기는

따스하게 아린 손길아
아픔을 덮어다오
신음보다 더한 기도 없으니
고통보다 더한 하늘 없으니

삶아, 아프다고 안 할 게, 죽지 마

신음보다 더한 고백 없으니
고통보다 더한 무게 없으니

그날 이후 2
―알렉시예비치 강연(2017.서울)

체르노빌의 목소리
이십일 세기 사이렌

체르노빌은 문명의 납골당
체르노빌은 후쿠시마의 어머니
체르노빌은 미래의 데스마스크

체르노빌 목소리 어린이 합창단 열일곱 명 애들이 노래했어요.
알료사 벨스키(9세)는 이렇게 채록되었답니다.
병원에 입원했어요. 정말 많이 아팠어요. 그래서 엄마한테 부탁했어요. "엄마, 나 못 참겠어요. 그냥 죽여주세요!"

비명마저 피폭되었어요. 바람을 따라
사라진 모음과 흩어진 자음이 떠돌고 있어요

천둥 번개는 그냥 울리지 않아요
핵 복음 노래는 악령의 합창이예요

<

우린, 지구에 잠시 머물다 가는 유령

바람의 합창에 귀를 열어요

아픈 노래는 잠들지 않아요

제2부

찬밥

버스 정류장 의자에 누워 잠든 거지
나무가 그늘을 당겨 몸 덮어 주었네
으르릉 부왕, 짖어대는 차량들도
어쩌지 못하는 안락사의 잠을
칭칭 동여맨 탁발 노곤이
구름 의자에 잠자리를 마련해 주었네
콧구멍 뱃고동 소리에 나뭇잎도 살랑살랑 흔들렸네
저녁나절 고양이 울음만 아니었으면
어떤 근심도 그를 내동댕이치지 못했을 것이네
위벽을 부딪치는 소리만 아니었으면
먹을 것 징징대는 구걸이 깨우지 않았을 것이네
찻길이 어둠을 바짝 당겨서
걸어온 누더기 배고픔이 건어물처럼 말라 가자
신발을 던져두고 거지는 불빛 속으로 걸어갔네
어디로 갔는지, 어미를 타이어에 묻어둔
새끼 고양이는 아아옹 야옹, 운다네
먹을 것 찾아 떠도는 노숙의 길이여
왜 밥에는 굶주림과 비명이 담겨 있어

먹을 것조차 사라진 쓰레기봉지를 물어뜯는
새끼 고양이 울음처럼 삐죽 새어 나오는지
나는 누구의 밥을 대신 먹고 사는 게 아닌지
목줄이 뜨거워지자 저녁이 찬밥을 먹이네

학꽁치 시

석쇠 불에 몸을 뒤집는 저녁이 있어 그 길을 생각하는 것인데 온몸으로 밀고 온 비늘 생을 말없이 들추어보는 것인데 그러면 붉은 입술이 푸르고 흰 연기를 피워 올리기도 하는 것인데 울음인 듯 웃음인 듯 입을 열었다 닫는 물고기 여자를, 먼 바다에 두고 온 남자의 비린 냄새를 닦아보기도 하는 것인데 우는 아이를 달래며 소금 눈물로 데우는 저녁을 생각하는 것인데 하여 연탄 불 시위에 몸을 던진 생에 입을 맞추지 않을 수 없는 것인데 그러면 물을 밀고 가는 뼈만 남는 것인데, 그런데 이게 뭔가, 학꽁치는, 어디로 가고, 이런 시만 남았나

새들이 허공에 점점, 점, 점

요양원 가는 길에 노인을 태웠다
부인을 만나러 간단다

밥그릇을 안고 등 돌리는
할멈이 자기를 알아보지 못한다고 중얼거린다

되돌아 나오지 못하는 날이 스모그에 갇혔다
삶이 새까맣게 타 눌어붙었다

기억이 노인을 떼어내자
요양원의 낯선 시간이 수거용 쓰레기 봉지에
노란 십자가 테이프를 붙인다

저녁이 하늘에 피 칠갑을 한다
새들이 허공에 점점, 점, 점……
흘러가다 진다

시인의 공부법
　-故 김규동 선생

홀로 남아 버티는 느티나무에 방점 찍어
졸시 답서 보내온 노老시인의

시인은 숨어라
마중 시 맞을 때
정지용 시인의 공부는 숨는 것

담배와 시각詩刻에 숨구멍을 태워
나비는 하늘 광장에서 고요로 날겠다
망치와 끌과 나무에 통일 어머니를
뼈 속까지 시와 평화를, 새겨두고
하얀 그림자 꽃그늘로 잠적했겠다

시인은 홀로 남아 견디는 느티나무처럼
언어에 방점 찍어야

빨래 벌레

집게에 매달린 옷이 버둥댄다
검은 물이 허옇게 바래진다
햇볕 아래 졸다가 버럭 고함을 친다
지워지지 않는 땟자국이 바람을 부르자
소금의 시간이 깃발처럼 펄럭인다

치매는 늙지도 않아
비 오는 날은,
죽은 시부모를 빨랫감으로 두드리고
햇살 쟁쟁하던 날은,
바깥살림 차려 나간 남편을
무덤에서 불러내어 쥐어짜기도 했다

빨래가 된 벌레가 있다
부엌을 오가는 밥그릇을 들고
옛 시골집을 돌다
아파트에 팽개쳐진 여자가 있다
구정물을 떨어뜨리며 간 길
지워지지 않는 생의 비밀이 있다
벌레가 된 빨래가 있다

해거름 운문사

1

안개와 바람의 길이라면
구름문 안에 무엇이 있다는 걸까
번개와 천둥의 길이라면
청도 운문사로 가는 도로
과수원 대추 열매가 어찌하여 옥을 매달고
햇살 아래 붉은 반짝이로 출렁인 걸 모른다 하는가

안개와 눈물의 길이라면
구름문 안에 무엇이 있다는 걸까
이슬과 노을의 길이라면
운문사 늙은 느티나무의 묵상을 헤아려보고
하얀 배롱나무꽃은 왜 불이문 앞에서 피고
처진 소나무는 어째서 평생 가부좌를 틀고 있는지를
묻기도 하는 것인데
그러면 아프고 병든 슬픔이며 고백이
독경을 외우는 것인데

2

해거름 운문사 푸른 물고기 떼
해거름 운문사 풍경 걸음 소리

안개와 바람과 눈물의
번개와 이슬과 노을의

모과!

울산 문화예술회관 앞뜰
스피커에서 떨어지는 소리를 받아먹는
모과

모과나무 앞
모성의 방패* 철 조각물에는
새들이 원을 그린다

모과나무 아래
갓난애를 유모차에 태운 여자가
돌 돌 돌 따라오는 어린 딸애 손을 잡아주자

온몸 둥근 귀를 열고
모성의 소나타를 듣는
모과!

* 모성의 방패: 조각가 캐서린 길라인의 작품명

낙지

수족관 속 너 만나고 온 날
내 다리 붙들어 새벽에 깨어나면
기억의 흡반, 유리창에 꼼지락거리고,
도시를 떠도는 남해바다 적조의 파란, 파랑
그해 여름 뻘밭에서 끌려온 너를 두고
소금 절인 시간이 웅성웅성 거렸다.
― 아이고, 내 자식 장가간 지 며칠 된다꼬
― 물거품 게워내더니, 흑흑
― 우째, 이런 일이
― 신부가 밤마다 도시 나가 살자고 다투었다나, 그러다가…
― 새각시, 고게 요물잉기라, 고게 잡아 뭉기라요
― 아따, 그 주디이 좀 몬닥치나, 어데서 함부로 놀리고 있노

새벽 스모그 피어나는 도시에
자기 목 조르는 연체된 치욕을
너 보고 있니
보고 뭘 아니?
벽 타고 오르는 거품, 거품, 거품 덩어리

무엇을 할 수 있니?
아프지 않게 생에 본드 칠하는
넌 누구지?
환각의 빨판으로 꿈틀거리다 잘리는
수족관 도시에 나타났다가
홀연히 사라지는 유령?
(아, 아니지 이게 아니지)
생을 쌩 까다가 물 먹는
너는 나이고 나는 너이지?

진해에 와서

바다가 눈 뜰 때
내 기억은 불신검문 당하고
흑백 풍경 속 고모님
몇 해를 견디지 못한 병에 신랑을 묻고
신혼의 시간을 진해만에 흘려보내었다

마음의 거처를
가령 고모님처럼 세상에 두기 어렵다면
벚꽃 피어날 때까지
겨울바람 항구 안에 놀다 가도록 놓아주고
먼 바다 떠나는 배의 밧줄도 풀어 주어야 한다

삶의 처소를
고모부처럼 하늘 끝에 옮겨놓았다면
진해에 와서는
밤바다 지나는 배들이
환한 불빛에 제자리를 마련할 때까지
바다가 흐르는 소리를 들어야 한다

<
벚꽃 져 바다가 눈 감을 때까지
벚꽃 피어 바다가 눈 뜰 때까지

아, 나무는!

집 앞 야트막한 언덕 나무를 보며 입술에 두 손가락을 대고 묻는 날이 늘어나서 소나무와 아카시아 상수리나무야 마음에 방호벽을 친 티브이와 컴퓨터랑 놀고 있는 가진 게 많은 나를 뭐라 타박 놓는가 세상살이에 벌 받고 한밤중 서성대는 사내를 보며 너는 뭐라 말하나

나무는 수도원 수사들의 시간을 끌고 가서는 다시 돌아온다 찬바람에 몰매 맞다 겨울 앞에 면벽하고 선 온몸을 끌고 온 둥그런 걸음이여 바람에 띄우는 기도여 내가 인간의 욕망처럼 둥둥 떠다녀도 되지 않는 무덤을 안고 견디는 시간을 부르자 나무는 침묵보다 더 많은 말이 있느냐는 듯 고요 속에 나를 밀어 넣는다.

아, 나무는 시간의 구멍 햇빛과 눈비와 바람의 길 나무는!

바다는 방어진의 운명입니까

봄바람과 함께 운명이 온다고 릴케는 노래했습니다
그렇습니까. 봄이 없으면 운명도 오지 않습니까
그렇다고 고개를 끄덕여도 방어진에 와서 묻습니다
그렇습니까. 바람이 운명을 불러 옵니까

솔숲에는 바다 바라기 하는 해송海松이 등대를 데리고 삽니다. 파도가 몽돌 해안 무대에서 날마다 바다를 연주합니다. 바람에도 늙지 않는 자갈, 부서지면서 부서지지 않는 모래알들이 어이 싸 어이 싸, 와아아, 바다를 밀고 당깁니다

그렇습니까. 바다는 방어진의 운명입니까

신새벽 깨어나는 조선소 바다
갈매기랑 함께 술 마시는 바다
커피숍에서 수다 뜨는 바다
비바람 맞으며 젖는 바다
일자리 찾아 헤매는 이사 가고 오는 바다
빈둥거리며 돌아다니는 바다

하늘과 입 맞추고 연애하는 바다
한 번 눈 맞으면 떠나지 못하는 바다
고래가 거시기처럼 불끈 솟아오르는 바다
노을과 비와 안개가 놀다가는 바다
어둠의 끝자락에서 일어서는 바다
바람의 어머니인 바다

그렇습니까. 바람이 바다를 노래합니까
그렇습니까. 바다는 방어진의 운명입니까

지평선의 꿈

먼지가 집을 짓고 바람이 옷을 만든 지평선은 무엇인가………………………………

기쁨의 비애가 나대고 꿈틀거린다면 지평선이 우리에게 준 선물…………………

누구도 피해가지 못하는 고통이 있다면 지평선이 우리에게 준 위로………………

쓰러져야만 생을 세우는, 슬픔을 마시며 걸어야 하는 길………………………………

끝과 시작이 부부로 사는 지평선의 꿈은 무엇인가……………………………………

그림자 춤

중고서점에 가서 책을 몇 권 샀다
눈길이 먼지를 닦아주자
책의 몸이 말랑말랑해졌다

누군가의 손에 닿았다 떠나온
누군가의 마음이 배였지만
누구에겐 돈으로 판 물건
먼로 소설집 '행복한 그림자의 춤'
그림자가 행복한가 그림자 춤이 행복한가
어느 것? 아니면 둘 다인가?
난 꼼꼼주의자가 아니어서 따지지 않고
중고서적 원주인 자필을 곰곰이 읽었지
"오빠, 이 책은 내가 너무 읽고 싶었던 거!!
 함께 선물해주고 싶어서 같이 준비했어
 오빠도 마음에 들었으면 ……"

오빠라는 이름의 그림자
오빠는 이름인가? 그림자인가?

난 회색주의자여서 편 가르지 않고
오빠라는 이름이 그림자라고 말했지
그러자 그림자가 춤을 추었고
오빠는 이름만 적어두고 가버렸지
오빠가 주인공은 아니었으니
그림자도 없다고 하려다 말았지
난 참견주의자도 방관주의자도 아니어서
시간은 얼룩을 지우기도 하지만
화장을 하고 나타나기도 한다고 하려다 말았지
난 사이비 허무주의자였어
삶은 중고품 가게에 놓였다
소각장으로 가는 거라고 하려다 말았지

중고서점에 가서 책을 몇 권 샀다
시간이 기억을 부르자
삶이 그림자 춤을 추었다

시각 시 1
― 난민

뿌리도 없이 떠다니는 풀잎 발목 발목도 없이 걸어가는 풀잎 걸음

지상엔, 날개 달고 기어가는 바다엔, 난파선을 빠져나와

절규를 물고 우는 웃음 두 손을 모아서 올리며

초록 경전을 외는 풀, 풀, 풀, 풀

둔황 시첩詩帖

1 막고굴에서

도시 아파트 동굴 한 채 장만했을 때
집이 나를 불안케 했고, 세간 살림이
주인이 되어 나를 끌고 다녔다, 짐이 된 물건처럼
분리수거해야 할 게 늘어가는 나이가 되면서
마음은 부실공사 건물처럼 금이 갔다

도시와 집을 떠나
모래의 시간이 흘러가는 둔황에 와서
임시보관소 지구에 맡겨진 생을 생각하고
하늘 주인이 나를 데리러 오기 전에
사막 아파트 동굴에서 묻는 연습을 했다
지금을 사는 게 아프다면
막고굴에서 춤추는 그림자들은
삶을 사랑해서 죽음을 새긴 거냐고
죽음과 함께 살고 싶어 삶을 문신한 거냐고

2 백양나무 혀

사막이 우는 소리
말할 수 없는 날이 흘러갔다고

모래를 밟는 발자국
말할 수 없는 말도 흘러간다고

함께 갔다고, 간다고

은박 날개를 달고
하늘 길목에서 수런거리는
백양나무 혀

말 못 하는 통성 기도를
허공에 날리며 목말라 한다고

밤마다 사막이 우는 소리

바람과 별과 길이 통정한다고

3 사막 공원

주검은 햇빛 속으로 걸어가
뼈를 태웠다
바람은 모래 속으로 달려가
살을 날렸다
태양이거나 별이거나
빛을 부르는 것만이
모래 무덤을 열고
하늘 길로 오른다

뜨거운 몸에 담긴,
서늘한 심장이 날개를 단다
하늘 문을 여는 태양의 뼈가 빛난다
사막 바다에 물고기 떼가 헤엄쳐 간다

제3부

풀잎의 눈

하늘 창이 흐려진다
고양이 발걸음으로 오는 가을
슬금슬금 풀잎을 타고 놀다
풀잎이 시들면 도시를 떠나
변두리로 몰려갈 것이다

하늘 창이 다시 흐려진다
뒷골목을 걸어가는 바람
썰렁썰렁 풀잎을 쓸며 놀다
풀잎이 잠들면 도시를 떠나
하늘 빈터로 달려갈 것이다

나는 풀잎의 눈을
하늘에다 그리며
창을 열어 도시를,
본다

바다, 모른다고 한다

바다로 울며간 날과,
바다가 울던 날을
너는 모른다고 한다

우르르 꽃잎에 햇살 잦아들던 날과,
스르르 꽃처럼 피었다 지던 날을
나는 모른다고 한다

손바닥을 적시던 손과,
발바닥이 젖던 발을
너와 나는 모른다고 한다

살다가 사라지는 것들을
위로하는 듯 조문하는 듯
바다의 경전을 외우는 파도가
우주적 책읽기라는 걸
우리는 모른다고 한다

달이 지나가는 동안
　－구룡포에서

달이
저녁 마실을 지나가고 있다
밧줄을 목에 단 배들이
포구에서 흔들거린다
밤바다 집어등 불빛 따라
슬슬 가는 달을 보며
포구는 바다를 마신다
몸이 바다인 사람들은
마셔도 취하지 않는 바다를 안고 산다
홀로 하늘 길 가는 곳을
쓰―윽 복사해준
달!

생은 살아있는 순간의 풍경
달이 지나가는 동안의 걸음

삽화

눈 감고, 바다를 당기면
소년은 포구에서 배를 타고 있었다
언덕배기 양조장에서 막걸리 통이
어장막으로 내려갔다
마음이 헐렁해졌다
멸치 떼가 올라 왔던가 보다
데워지던 봄바다
아리아리한 눈빛을 하고
섬마을 집들이 굴처럼 붙어 있었다

눈 뜨면, 바다를 놓은 손에서
차가운 물결 소리 떨어져
내 아랫도리를 적신다
바다 울음소리 끊어진다

학동 포구, 몽돌밭

땅 끝에 모여서
저희들끼리 한숨이다 눈물이다
자갈자갈대다

아이다 아이다

저희들끼리 설레임이다 그리움이다
자르르 자르르거리다

가슴이 저려서
까맣게 탄 몸둥아리로
햇살 먹고 갯바람에 절여서

저희들끼리 한숨이다 그리움이다
우왝우왝 파도를 토하다

아이다 아이다

＜

저희들끼리 눈물이다 설레임이다
　와글와글거린다

가을 물소리

운흥사지 반계 마을에 가려고 합니다
찬 소주 한 잔을 부어놓고 멀건이 바라보는 마음으로
가을 물소리를 들으려고 합니다
목욕탕에 처음 들어가는 어린애처럼 주뼛거리다가
삼백 년산 굴참나무가 수런거리는 소리에 귀를 열어 놓
으려고 합니다
스스스 은행잎이 춤바람으로 날리겠지요

동네를 어정거리는 늙은 개와 함께 생각이 노랗게 물들면
두 발을 모으고 앉아 가을 눈빛을 담아 두려고 합니다
통신 장비도 없이 실시간으로 방송되는 마을 채널이
엷고 어두워져 가는 길을 보여 주겠지요
무서리 맞은 벌판에 풀어 놓은 가을바람이
아프고 병들어 외로운 것들로 채워 놓겠지요
새 떼들이 그걸 알고 길을 지우며 하늘을 날겠지요

운흥사지 반계 마을에 가려고 합니다
한밤중 병실에 누워 무연히 창 바깥을 바라보는 마음으로
가을 물소리를 들으려고 합니다

가을은 아날로그

나뭇잎에 노랑 빨강 인장을 찍어대는 손
사인을 해도 될 걸
불타고 남은 생을 결제하는 가을이 왔어
도장 찍지 않으면 허가나지 않는 일이 있는 양
이 산 저 골짜기에 마구 밟고 다니는 걸음이 있어서
저당 잡힌 세간을 현장 검증하는 집행관처럼
바람이 불어 닥쳐서
머그잔에 커피를 타서 햇볕과 함께 마시며
방전되는 배터리 삶을 헤아려 보는 것인데
빚보증에 생애를 털고
먼 길 떠난 이도 눈빛 아슬아슬 인데
버리지 않으면 남는 것이 없다고
바람이 쓸쓸 경經을 외우는
아무래도, 가을은 아날로그

겨울, 감은사지 부근

갈가마귀 떼 들판을 쪼아대었지요
마을은 문을 닫고 눈을 맞고 있었어요

눈을 받아먹는 하천의 혓바닥이
마른 돌덩어리를 적셔주었어요

보이지 않는 하늘 깊은 곳에서 내려온 눈이
겨울바다의 얼굴을 씻어주었어요

재갈매기 떼 울음이 바다를 쪼아대었지요
길은 발걸음을 멈추고 바라보았어요

이토록 미치게 아름다운 풍경 있어, 살수록
춥고 쓸쓸한 마음 조금은 위로 받을 수 있었어요

가을밤 홀로 걷기

가을 밤길 따라 걸었지요
도시 가로등을 지나 어두운 곳을 밟으면서
마주치는 걸음에 일일이 대꾸하기 싫은 무엇이
가을 밤길 걷기에 들어 있지요

도시 끝까지 걸어가기로 했지만
나처럼 불빛 피해 걷는 벌레도 있어
내가 혼자 있다는 걸 알아챌까 봐
말을 걸지 않았지요

걷지 않는 건물은 꿈꾸지 않아요
걷지 않으면 어둠이 길을 놓아버리지요
세상은 어떤 형태로도 머물지 않기에
도시를 보면서 걷는 나무는 길을 가고 있지요

가을밤 걷기는 날개를 달고 보이지 않는 곳에 다녀오는 일
  가을밤 걷기는 눈 감고 별을 따라 갔다가 애인을 만나
는 일

바람도 눈치채지 못한 가을밤 걷기는
자동차 불빛에 들켜 환한 아픔으로 끝났지만
아마 감시카메라도 잡지 못하는 어떤 비밀이
가을밤 홀로 걷기에 들어 있지요.

기다림에 대하여

인터넷 사이트 쇼핑몰처럼
도로에는 차량이 몰려다닌다
짐승들은 주검의 상표로 포장되어
저자 거리에서 줄지어 서 있다
어제는 병원에서 아이들 울면서 태어났고
그 울음소리에 귀 닫고 죽어가는 이도 있었다
어제 같은 오늘이 흘러가고 온다
버려진 오늘이 노숙을 찾아
도시의 고양이처럼 돌아다닌다면
버림받은 내일은 사막의 바람이 되어 떠돌 것이다

이별이 없으면 사랑도 없고
눈물이 없으면 희망도 없다고
누군가 노래한다면
기다림이 사라진 곳에서
직녀여, 너는 기다리겠는가
하늘이 사랑하는 것은 모두 가난하고 쓸쓸하고 외로운 것이고*

아름다운 것은 가진 것 없어도 높고 쓸쓸하니 빛나는 것이라고
　　말하겠느냐, 직녀여

* 백석 시 「흰바람벽이 있어」 구절 변용

바보 노래 1

안개

안개비

밤 안개비에

도시는 양계장 비닐하우스

황색 불빛 속

잠들지 못하는

나 같은 바보만

무정란 알을

낳는다

가을 기도
　　—홍수진 시인에게

깡통더미에 무슨 볼일이 남아 있다는 걸까
늦가을 햇살 아래 벌 떼는 붕붕거리고
공터, 먼지 바람 불어
구절초도 문 닫고 떠나 버리면
무서리 내린 길은 시린 마음

가을이여, 웅웅대는 벌 떼에게
조금만 더 시간을 주어서
몸속에 보일러를 놓아
긴 겨울 오랜 외로움을 견디게 하시길
찌그러진 캔에게도 소멸을 주어서
즐거이 그들의 몸을 땅에 묻게 하시길

가을이여, 빈 것 가득한 눈빛이여
지상에서 헤매다 돌아갈 날짜를
헤아리고 있는 이들에게도
비워서 세상 넓은 나라로 이끌어 주시어
마침내 온전한 잠 이루게 하시길

똘레도
-심수구 화가*

똘레도에 갈까요

지구는 어제를 보내고 상처를 그렸다
강물은 하늘 바다로 흐른다

처음처럼—
나무 구멍이 숨 쉰 길을
누가 따라 갔는가

똘레도에 갈까요

하늘은 어제를 그렸다가 지웠고
바다는 어제와 다르게 출렁인다

싸리는 나무의 생애지만
토막 난 시간을 이어주는 일이란
생명의 목마름이 불탄 자리를 따라
이별의 마지막이 돌아오는 곳

똘레도에 갈까요

* 싸리나무 전시회를 스페인에서 가졌다. 2018년 타계.

스친 자리마다 통풍이

 평소 카톡을 하던 딸애가 전화가 왔다 휴대폰 소리를 죽여서 받지 못했다 기록이 남아 한참 지난 후 전화를 했다 왜, 무슨 일이 있느냐고 물으니 딸애는 그냥이라고 했다 통화가 끊어졌다 며칠이 지나갔다 새벽 잠자리에서 어머니의 전화가 왔다 지금 바쁘니 나중에 하자고 말하면서 깨어났다 통화가 끊어졌다 몇 년 전 병원에 입원할 때 지상에서 마지막으로 한 통화였다 나중에가 끝이 된 어머니는 기억을 지우고 모른다, 모른다만 외우다 돌아가셨다
 한참이나 며칠이나 몇 년 전은 시간의 유령, '그냥'은 쓸쓸히 닫는 그림자 입술, '나중에'는 가을비에 젖어 떨어진 나뭇잎 같은 귀울음, '모른다, 모른다'는 눈 덮인 겨울 숲에서 걸려온 바람의 언어, 스친 자리마다 통풍이

저문 바다에 유령이 와서

저문 바다에 유령이 와서
노을에도 타지 않는 적막으로
집 한 채 짓는다면
바다가 보이는 언덕에 터를 잡겠네

동백나무는 동박새에게 주고
솔가지 태우는 굴뚝 곁에
별빛 담을 창 하나 달겠네

소금밭 지나는 바람이
푸른 물고기 비늘 지붕을 얹어 준다면
수리나무가 별을 달고 가는
해거름에도 한숨짓지 않겠네

어둠을 허무는 고요 있어
마음의 집 한 채 짓는다면
일몰의 생에 낙화烙畵 하겠네
저문 바다에 유령이 와서

제4부

동백 나뭇잎에 머물다 가는 통영 바다는

  토영* 바다를 담은 흙과 사람이 바다를 건너간 후 목숨들 태어나자 바다로 얼굴 돌리고 웃고 욕하고 침 뱉고 갯바람 맞다 도시는 바다처럼 쿨룩, 꿈틀 바람은 한려수도에서 불어와 빛 공기 물 내음을 도시에 풀어 놓자 사람들은 바다처럼 먹고 마시며 숨 쉰다 든다 난다 여황산이나 서피랑에서 보면 강구는 바가지 동피랑 남망산에서 봐도 바가지는 동호만 서호만을 담아 바다를 안고 멈춘다 걷는다 흐른다

  토영 바다는 감청 빛 향기를 불어내고 바람 공기 물빛 소리 냄새 진초록의 걸음으로 동백 나뭇잎에 머물다 가는 통영 바다는

  * 토영 : 통영 사람들은 통영을 토영이라 부른다.
  ** 여황산, 서피랑, 강구, 동피랑, 남망산, 동호만, 서호만 등은 통영 지명

걸어라, 꽃

겨울 뚫고 나온 눈물 빛이 아니라면
그게 아니라면, 어찌
꽃들이 물을 담고 가서 불의 향기를 이루겠는가
불을 안고 가는 물의 걸음이겠느냐
그게 아니라면 어떻게, 이 땅에 피를 흐르게 하고
지구에 호흡을 맞추는 우리의 심장이겠느냐

봄이 흘린 울음 피가 아니라면
그렇지 않다면, 어찌
꽃들이 물처럼 흐르는 불로 타오르겠는가
불처럼 타오르는 물의 향기겠느냐
그렇지 않다면 어떻게, 이 땅에 피를 돌리고
우주의 생명을 낳게 하는 우리의 걸음이겠느냐

목련을 읽다

암반을 깎고 흙을 모아서
목련은 살아간다
지하 움막을 지은 개미집 곁
아파트 쓰레기 분출구 옆에서
사는 일이 지하를 뚫고 나아가는 뿌리라면
겨울 하늘에다 선을 그으며
몽우리질 하는 수화는 뭐란 말인가
버둥대며 빛을 그리는 생이란
우듬지 끝에서만 일어나는 게 아니다
목련이 꽃을 달기 위해서는, 평생을
맨발로 구걸하는 비둘기 떼도 보아야 했고
술 취해 헤매던 사내의 속내도
시멘트 동굴에서 나오던 기도 소리도 들어야 했다
겨울밤 목련 앞에 서면
잘못 살아 왔다고 빌고 싶은 마음이
왜, 내게도 없겠는가
벌 받고, 굴욕을 견디며 사는 삶이라면
찬바람 속 봄 경전을 읽는
겨울밤 목련 앞에서
절하고픈 마음이 왜 없겠는가

봄날 간다

1

낮에 오던 가랑비에 목련꽃 진 자리가 젖어 겨울나무 끝에 떠 있던 까치집에 불 켜졌느냐고 밤 빗소리에 잠 못 이루는 몸이 자꾸만 자리를 옮겨 다닌다 행운목 아래 민달팽이 가족 집 없어 젖어 산다고 가진 것 없이 몸뚱아리 하나로 누항의 시간을 지난다고 봄날이 따라 간다

2

우르릉 폭우 몰려온 날

영생을 외치며 울부짖는 신도들처럼
가로수 나뭇잎들이 검은 하늘을 휘젓고

벚나무는 길에다 허연 꽃 사리를
마구잡이로 쏟아 놓는다

<

밀리고 쓸려가는 꽃잎들

도로를 따라 차량들이
비상등을 껌벅인다

어디론가 가고 싶었는데 가지 못한 것들
어디론가 가는 새 떼의 울음을 듣는다

시간의 걸음
바닥을 치며 간다

3

빛이 그늘을 빚었다고
설핏 바람이 웅성거렸나
낙화 분분히 떠나간다

그늘이 빛을 따라갔다고
나뭇잎이 술렁거렸나
벚꽃 뿔뿔이 떠다녀
공원묘지 입구, 주검을 삼킨
목구멍에 울음이 새나온다

내가 없는 날을 산 것 같은 삶아
너에게 해코지 한 적 없으니
부고는 살아가는 일, 아프고 외로운 노역 내려놓고
하늘 공원에 꽃구경 와달라는 초청장이라 말해다오

봄날 우주로 한 생애를 보내는 길목엔
꽃그늘 있어 빛 그늘 드리우니
꽃잎 붐빈다 난다 내린다 축제 간다

감은사 싸리꽃

감은사에 갔더니 부처님은 보이지 않고
대왕암 앞 바닷가 자갈 소리만 들려 왔습니다.

토함산이 시냇물을 흘려보내고
강둑에는 삐비꽃이 흔들리자
저승꽃 피어나는 두 노파는
감나무 아래에서 졸고
가슴 아파 금이 간 석탑은
서로 마주 보며 돌 향기를 뿜어 대었습니다.

감은사에 갔더니 부처님은 보이지 않고
싸리나무만이 연분홍등을 달고 있었습니다.

와이파이 배꽃 통신

배꽃 피는 건
공중에 눈을 두는 것

배꽃 피는 마음을 읽는 건
허공에 길을 내는 것

배꽃 지는 건
달빛에 얼비친 나무 그림자를 보는 눈

배꽃 지는 길을 걷는 건
달빛에 쓸려가는 파도소리를 듣는 귀

당신에게 무언가 할 말 있어 꽃을 매달았지만
당신에게 아무 말도 못한 채 꽃잎만 날렸지만

배꽃 피고 지는 시간
배꽃 읽고 걷는 길을

당신에게 안겨주고,
가고 싶습니다

동백꽃 통신

1 겨울 동백꽃

가슴에 불 지르고 있으리, 아우는
이십여 년 만에 온 폭설에 갇혀
거제 해금강에 있다고
천리향을 물고 날아온 통화
눈 속에서 온몸의 피 올리고
살아있다고 손 흔들면
마음이 따라서 타오르겠다
동백꽃 눈길 닿는 곳마다
섬들도 머리 지우고
갈매기 등으로 날고 있겠다

밤샘 하얀 시 내려놓고
도시 아침을 밀고 나오니
아파트 아이들 웃음소리 몰려나와
눈 속에서 뛰어 오른다
폭설 속 동백꽃처럼

2 동백 포구를 적다

햇살이 바다를 밟자
흰 등 물살이 공중에 흐른다고
갈매기가 쓴다

희푸른 비늘 파도를 부르는
동백 꽃잎에 타는 초록 숨결을
팔색조가 녹음한다

겨울 포구는,
불꽃 등을 켠다고
동영상을 보낸다
그러면 노을 바다에
가마우지가 날아와
함께 가는 홀로 생을
달래주기도 할 거라고
해설을 단다

내 안에 꽃집

느려 터지니
후회가 전세금을 올리겠다

물러 터지니
쓰림도 월세 놓겠다

뜸 들어야 여무는 열매처럼
서로가 서로를 부를 때까지

내가 나를 벌 세워야
피는 공중 노역
내가 나를 파야
열리는 꽃집

   *   *   *

주인은 꽃, 손님은 운명
주인이면서 손님인 당신

<
나 덧없습니다
내 안에 꽃집입니다

꽃이면서 주인, 운명인 당신
나 끝없습니다
내 안에 시집입니다

통영 바다 저녁의 시
―김춘수 선생 생각

1

통영 바다 바람 불어
꽃이 핀다
동백꽃은 동백의 이름으로
시인은 시의 이름으로
핀다

낮달을 머리에 인 여황산아,
하늘에 떠가는 섬을 보았느냐
남망산아, 나귀를 타고 바다로 간
시인을 보았느냐

손바닥에 놓인 바다
도다리 놀래기가 눈을 뜨던
통영 바다 바람 불어
꽃이 진다
산다화는 산다화의 이름을

시는 꽃의 이름을
부르며 진다

2

통영 바다가 우는 소리를
듣는,
갈물 든 저녁

* 나귀를 타고~ : 김춘수 시의 한 구절

달아 포구에서

겨울 달아 포구에 오니
바다가 허리끈을 풀어
선창에 내려 놓는다
저녁을 따라 돌아오는 바람은
파도의 숨결을 모았다 흩어 놓고

달아, 부르면 사랑하는 이가
살아 돌아올 것 같은
둥글고 느린 걸음으로 피는
통영시 산양면 일주도로 동백꽃
그래, 우리가 살면서 받은
상처며 슬픔이며 하는 것들 모아
저 꽃들 곁에 놓아라

달아, 부르면 죽은 이가 파도를 따라와
사랑한다고 말할 것 같은
겨울 포구에 와서
왜 섬들은 밤이면

등불을 바다 위에 띄워 놓는지를
삶은 어째서 피맺히게 나아가야
꽃으로 피어나는지를
겨울 동백에게 묻는다

소매물도 바닷길

동백꽃 떨어져 겨울 덮을 때
소매물도가 소소한 섬에게 내준
그 길로 뜨고 싶다

섬아,
무슨 끔찍이 사랑할 일 있어
누런 털가죽을 뒤집어 쓴 소의 울음을
성자처럼 사는 하얀 등대를
노을 속에 데불고 있는가

섬아,
얼마나 외로워했으면
바다가 자기 배를 가르고
부석浮石으로 다리 만들어 건너라 했겠는가

살다 도진 마음의 상처를
동백꽃 떨어져 덮을 때
소소한 섬이 소매물도에게 손 내민
그 길로 뜨고 싶다

바보 노래 2

1

마을이 바닷가에 있어
포구나무도 바닷가에 있어

구름 타고 올라나
바람 불면 올라나
숙아,
파도가 자갈밭으로 몰려와
고기잡이 떠난 가마우지 기다리듯
숙아!

바닷가에 마을이 있어
바닷가에 포구나무도 있어

2

눈 감아도 갈 수 있는

귓속에 꽃 피는 나라

눈 감고도 보이는
별 뜨는 마을로

노래가 간다면
마음의 그늘도 따라가지 않겠나

그자, 바보야

겨울나무의 시

온몸에 눈을 맞고 선 겨울나무 앞에서는
절망과 좌절은 말하지 않겠어요
추운 밤을 견뎌온 사람이 거기에 있으니까요

눈길을 맨몸으로 걸어온 겨울나무 앞에서는
슬프다, 외롭다를 함부로 말하지 않겠어요
속울음을 삼킨 얼비친 생애가 그곳에 있으니까요

바람에 매 맞으며 견딘 겨울나무 앞에서는
사랑의 언어로 가식하지 않겠어요
인간의 사랑은 욕망에 기대어 노래하지만
그들은 우주의 소리에 귀 기울이며 기도하니까요

등대

밤바다 등대가
불을 켜고 책을 읽는다

하늘엔 별빛
가슴엔 불빛

불의 눈빛이 닿는 자리마다
바다의 책장을 넘기는 바람이 분다

눈의 불빛이 지나는 걸음마다
우주가 살아가는 것을 숨 쉰다

책 읽는 사람이 등대다

해설

부재와 역설의 바다를 떠도는 꽃

박남희(시인, 문학평론가)

1. 바다와 꽃의 화성학

 '바다와 꽃이 닮아있다'라고 말하면 고개를 갸웃거리는 사람들이 있을 것이다. 그런데 시적 상상력의 눈으로 보면 이러한 진술은 참이 될 수 있다. 만조 때 해변으로 몰려와 부서지는 파도는 바다의 꽃이다. 깊은 물의 파도는 수직으로 출렁이지만 해변으로 밀려와 꽃이 되는 파도는 수평의 움직임을 보여준다. 이런 관점에서 보면 바다는 이미 그의 몸속에 꽃을 내장하고 있다. 물거품이 된 파도가 '수평의 꽃'이라면 지상에 피는 꽃은 수직으로 떨어지는 '수직의

꽃'이다. 파도가 물방울의 언어를 가지고 있다면 꽃은 색과 향기의 언어를 가지고 있다. 바다의 꽃이나 육지의 꽃은 모두 생과 사가 뚜렷하다. 바다의 꽃이 만조와 간조의 등고선을 가지고 있다면 육지의 꽃은 만개와 낙화의 때를 가지고 있다.

  이 글의 서두에서 바다와 꽃의 상동성을 언급한 것은 문영 시인의 시의 뿌리가 '바다'와 '꽃'에 있기 때문이다. 그런데 정작 문영 시인은 바다와 꽃을 직설적으로 바라보기보다는 반어적인 눈으로 바라보고 싶어한다.

> 바다로 울며 간 날과,
> 바다가 울던 날을
> 너는 모른다고 한다
>
> 우르르 꽃잎에 햇살 잦아들던 날과,
> 스르르 꽃처럼 피었다 지던 날을
> 나는 모른다고 한다
>
> 손바닥을 적시던 손과,
> 발바닥이 젖던 발을
> 너와 나는 모른다고 한다
>
> 살다가 사라지는 것들을

위로하는 듯 조문하는 듯
바다의 경전을 외우는 파도가
우주적 책읽기라는 걸
우리는 모른다고 한다

— 「바다, 모른다고 한다」 전문

 문영 시인은 시집의 서두에 적어놓은 '시인의 말'에서 시에 대한 그의 생각을 펼쳐 보여주고 있다. "시는 삶이 자랑할 게 없다는 것을 고백하는 언어다. 시는 침묵을 말하는 언어다. 시간을 견디며 걸어가는, 어디에나 있지만 아무 곳에도 없는 유령의 언어가 시다. 시는 허무를 인정함으로써 허무를 극복하고 망함으로써 영원을 추구한다."라고 한 시인의 진술 속에 그의 시학이 응축되어 있다. 이러한 시학을 한마디로 말하면 부재와 역설의 시학이라고 말할 수 있다. 그는 '없음'을 통해서 '있음'을 말하고 "어디에나 있지만 아무 곳에도 없는" 역설적 상상력으로 시를 쓴다.
 위의 시에서 시인이 진술하고 있는 "모른다고 한다"는 액면 그대로 모른다는 것에 방점을 두고 있지 않고, 이 구절에서 생략된 '알아야 하는데'에 방점이 찍혀있다. 이 시에서 '바다'는 울음의 공간이면서 동시에 주체이다. "바다로 울며 간 날"의 바다는 꽃으로 상정되는 울음의 주체가

지향하던 공간이라면, "바다가 울던 날"에서 바다는 스스로가 울음의 주체가 된다. 그런데 '바다, 모른다고 한다'는 이 시의 제목을 감안해보면 '너'는 바다이고 '나'는 시적 화자임을 짐작할 수 있다. 이렇게 정리를 해보면 "바다로 울며간" 주체 역시 화자일 것이라는 추정이 가능해진다. 이러한 추정이 맞는다면 '바다'와 화자인 '꽃'은 우는 주체라는 상동성을 갖는다. 이러한 역학관계는 2연에서 보다 명확해진다. "우르르 꽃잎에 햇살 잦아들던 날"의 주체가 '꽃'이라면, "스르르 꽃처럼 피었다 지"던 파도의 주체는 '바다'이다. 이러한 독법으로 3연을 읽으면 "손바닥 적시던 손"은 꽃의 손이고 "발바닥 젖던 발"은 바다의 발임을 알 수 있다. 이 시를 보면 시인이 '바다'와 '꽃' 이미지를 밀접한 상동관계에 올려놓고 있다는 것이 드러난다.

    토영* 바다를 담은 흙과 사람이 바다를 건너간 후 목숨들 태어나자 바다로 얼굴 돌리고 웃고 욕하고 침 뱉고 갯바람 맞다 도시는 바다처럼 쿨룩, 꿈틀 바람은 한려수도에서 불어와 빛 공기 물 내음을 도시에 풀어 놓자 사람들은 바다처럼 먹고 마시며 숨 쉰다 든다 난다 여황산이나 서피랑에서 보면 강구는 바가지 동피랑 남망산에서 봐도 바가지는 동호만 서호만을 담아 바다를 안고 멈춘다 걷는다 흐른다

토영 바다는 감청 빛 향기를 불어내고 바람 공기 물빛 소
리 냄새 진초록의 걸음으로 동백 나뭇잎에 머물다 가는 통
영 바다는
　　　　―「동백 나뭇잎에 머물다 가는 통영 바다는」 전문

　현지 사람들이 토영이라 부르는 통영은 얕은 언덕이나 산으로 둘러싸여 육지와 바다가 아기자기하게 어우러져 있다. 전통 시장을 끼고 있는 강구항은 많은 배들이 들락거리는 작은 항구이지만 통영의 젖줄이라고 할 만큼 바다와 육지를 아늑하게 감싸주고 있다. 그래서 동피랑이나 서피랑에서 보면 둥근 바가지 모양을 하고 있다. 이 시의 화자 역시 이 바가지에 "토영 바다를 담은 흙과 사람이 바다를 건너"갔다고 본 것 같다. 마음에 통영 바다를 담고 타지로 나간 사람들은 그들이 장성해서도 고향을 잊지 못한다. 통영은 작은 시이지만 "바다처럼 쿨룩, 꿈틀"거리며 바다와 하나가 되어 호흡하고 있다. 이곳에 사는 사람들 역시 "바다처럼 먹고 마시며 숨"쉬고 들고 난다. 따라서 한려수도를 끼고 있는 통영 바다는 통영이고 통영 사람들인 셈이다. 이 시의 두 번째 연은 이러한 통영 바다가 "감청 빛 향기를 불어내고 바람 공기 빛 소리 냄새 진초록"이 어우러진 걸음으로 동백 나뭇잎에 머물다 가는 모습을 보여 준다. 여기서 동백꽃은 육지와 바다를 이어주는 상징과도

같은 꽃이다. 특히 통영 바다가 동백꽃에 머물다 간다는 진술은 '바다'와 '꽃'의 상동관계를 보여주는 중요한 표현이다. 이렇듯 문영의 시에는 바다와 꽃이 상동관계를 이루고 있는 곳이 많이 있다. 그의 시 「동백꽃 통신- 2 동백포구를 적다」에 보면 "희푸른 비늘 파도를 부르는/동백꽃잎"이라든가 동백꽃으로 "불꽃 등을 켠" 겨울 바다 풍경이 그려져 있다. 그런가 하면 또 다른 시에서 "달아, 부르면 죽은 이가 파도를 따라와/사랑한다고 말할 것 같은" 달아포구에 와서 왜 섬들은 밤이면 동백꽃 "등불을 바다 위에 띄워 놓는지를/삶은 어째서 피맺히게 나아가야/꽃으로 피어나는지를/겨울 동백에게"(「달아포구에서」) 묻고 있다. 시인의 체험적 삶의 깊이가 묻어나는 이러한 진술들은 문영 시의 근원에 '바다'와 '꽃'이 얼마나 밀접한 연관성을 지니면서 중요한 이미지로 자리하고 있는지를 잘 보여준다.

2. 부정적 현실을 넘어서는 역설과 아이러니 서사

인간의 삶은 늘 희망과 꿈을 향하여 나아가기를 원하지만, 현실은 그리 순탄치만은 않아서 어딘가 비틀리고 어긋나는 경우가 많이 있다. 이럴 때 시인은 윤동주처럼 내면적 거울에 자신을 비춰보면서 독백의 화법으로 현실을 노

래하기도 하지만, 다른 한 편에서는 부정적 현실을 넘어서
는 방법으로 역설과 아이러니의 화법을 적극 원용하기도
한다. 이 글의 텍스트인 문영 시 곳곳에 역설과 아이러니
의 서사가 자리하고 있다는 것은 몇 편의 시만 읽어보아
도 쉽게 알 수 있다.

  공동묘지에 아파트가 들어섰다 인간의 잠을 덮는 야광충
빛 아래에 빚이 깔렸다 시간의 날개를 달고 아파하는 아파트

  나무와 새들이 살고 싶어 했던 공중정원엔 구름 밥을 먹
고 아이들이 구름 학교로 구름 가방을 메고 구름 학원으로
몰려다닌다 떼거리로 몽글몽글 떠다닌다 구름 잡는 구름 발
없는 신발을 끌고 다닌다

  구름 숭배는 시인들의 오랜 내력이자 종교, 지구 사원엔
바람의 신도들이 구름 메시아를 찬양하다 눈이 사라진다 바
람 귀를 뺀다 혀 빠진 입술을 외운다 누구나 말하지만 아무
도 듣지 못한, 클라우드

  … 번개를 달고 천둥이 울린다 귀를 잠근 공동묘지에 재
개발 아파트가 들어섰다, 망집 클라우드
                     ─「망집 클라우드」 전문

SNS가 고도로 발달한 현대를 사는 사람들은 대부분 '클라우드'라는 망집妄執에 사로잡혀서 행동하고 있다. 인터넷은 대중들 상호 간의 소통을 원활하게 해주는 편리함이 있지만, 거짓 정보에 휩쓸리거나 군중심리에 이끌려서 쓸데없는 망상에 사로잡히게 되는 부작용을 낳기도 한다. 이 시의 1연은 인터넷으로 대중들의 자금을 모으는 '클라우드 펀딩(Crowd funding)류의 방법으로 공동묘지에 아파트 단지를 조성하지만 그것은 결국 빚을 깔고 사는 병든 아파트의 삶일 뿐이라는 부정적 정황을 비판적으로 기술하고 있다. 여기서 죽음의 공간인 공동묘지에 삶의 공간인 아파트가 들어선다는 것 자체가 아이러니이다. 그리하여 2연에 오면 "나무와 새들이 살고 싶어했던" 고층 아파트가 들어선 "공중정원엔 구름 밥을 먹고 아이들이 구름 학교로 구름 가방을 메고 구름 학원으로 몰려다닌다."는 진술이 이어진다. 시인의 이러한 진술은 문명사회의 거대 자본의 매혹에 매몰되어서 뜬구름을 잡고 있는 현대인들의 삶을 우화적으로 표현한 것처럼 보인다. 하지만 화자는 "구름 잡는 구름 발 없는 신발을 끌고"다니면서 뜬구름을 잡고 있는 현대인들의 삶이 결국은 허방 위를 걸어가는 삶에 지나지 않는다는 것을 역설적으로 증거하고 있다. 그런데 불행하게도 이러한 사회풍조는 시인들의 삶에도 깊이 파고들어 "구름 숭배는 시인들의 오랜 내력이자 종교"가 된지 오래이다.

그러하여 현대문명에 눈이 먼 사람들은 "누구나 말하지만 아무도 듣지 못한" 망집 클라우드로 명명될 수밖에 없는 것이다.

> 숫자를 말하니 모래가 쏟아진다 오늘이라고 말하니 어제가 온다 생을 헤아리자 영이 온다 컴퓨터와 자동차를 먹는 도시 머리도 몸도 없는 너를 부르니 모래가 쌓인다 CCTV와 GPS가 지켜주는 눈도 얼굴도 없는 빛 소리의 그물망 도시는 영의 반죽덩어리 지금이라고 부르니 과거가 온다 하나 둘 세니 영이 달려온다
>
> 숫자가 시간의 젖통을 빨다가 일어선다 걸어간다 모래더미에 빠진다 영을 찾아 헤맨다 잃어버린 시간을 인공지능이 검색한다 과거는 늙어버린 아이 현재는 피 흘리는 미래 삶은 자해하면서 쌓는 무덤, 영
>
> ―「영을 위한 에튀드」 부분

숫자 0은 참으로 신비로운 숫자 중의 하나이다. 고대 인도 수학에 새롭게 도입된 0이라는 개념은 기존의 수학의 차원을 훌쩍 뛰어 넘는 혁명으로서 '영의 발견'으로 명명되기도 하였다. 그런데 이 시에서 영의 개념은 단순히 '없음'을 뛰어넘어 영원이나 영靈, 또는 죽음을 포함하고

있다. 이런 관점에서 이 시의 제목 '영을 위한 에튀드(etude)'는 '죽음을 위한 연습' 정도로 의역될 수 있다. 그런 정황은 이 시에서 "생을 헤아리자 영이 온다"거나 "머리도 몸도 없는 너" "삶은 자해하면서 쌓는 무덤" 같은 표현에 잘 나타나 있다.

그런데 주목되는 것은 이 시가 온통 아이러니 화법으로 이루어져 있다는 점이다. "숫자를 말하니 모래가 쏟아진다 오늘이라고 말하니 어제가 온다 생을 헤아리자 영이 온다" "지금이라고 부르니 과거가 달려온다" "과거는 늙어버린 아이 현재는 피 흘리는 미래 삶은 자해하면서 쌓는 무덤" 같은 표현이 모두 화자의 기대를 배반하는 아이러니의 결과들이다. 그렇다면 이 시에 등장하는 중요 이미지인 '모래'는 무엇을 뜻하는 것일까? 그것은 "숫자를 말하니 모래가 쏟아진다"는 표현을 통해서 어느 정도 짐작이 가능하다. 정확성을 요하는 숫자와 불확실하게 뭉쳐져 있는 모래는 상반된 개념이다. 따라서 이 시의 '모래'는 '불확실함' 또는 '미망迷妄에 빠진 상태'를 의미하는 은유로 읽힌다. 우리의 삶 역시 모래 속의 삶이다. 우리의 삶은 정신없이 숫자를 따라가다가 모래더미에 빠져버린다. 이처럼 미망迷妄에 빠진 삶은 "자해하면서 쌓는 무덤"에 지나지 않는다.

3. 반문명주의를 지향하는 사이버적 상상력

현대문명의 이기는 현대인들을 문명의 노예로 전락시키고 사이버라는 가상 감옥에 가두어두기에 이르렀다. 그리하여 인간의 눈은 온통 스마트폰이나 컴퓨터에 저당 잡히고 '득템'은 요즘 젊은이들의 자랑이 되었다. 이른바 물질지상주의가 인간의 사고를 마비시키고 있는 것이다. 인간이 이러한 불행으로부터 해방되는 길은 심각한 현재적 상황을 직시하고 이런 상황으로부터 탈출하려는 노력을 지속적으로 보여주는 길 밖에 없다. 시인들의 삶도 이러한 테두리에서 크게 벗어나 있지 않다. 시인들의 작품에서 종종 보이는 반문명적 생태주의(ecologism)나 복고주의(reactionism)도 이러한 몸부림의 표현이다. 그런데 문영 시인은 반문명이나 생태주의적 주제를 말하기 위해서 사이버적 상상력을 동원하는 독특한 화법을 보여준다.

>진창 뻘밭 걸어간다
>계곡 물소리 낄낄거리며 암벽을 어르고 두드린다
>
>문명이 고래 사슴 멧돼지 호랑이들을 몰아내고
>재財, 물水을 채워 넣었다

과거는 참을성 없이 부풀어 올랐다

내 생은 돌팔이,
내 목숨은 날파리
처럼 유동한다

슬퍼서 아름다운 황무지란 없다
죽음을 살리는 건 죽음이다

암각화는 디지털이 아닌 생명의 로그인
아이디 : 쿠마 무녀*처럼
비밀번호 : 날 가두어 물 먹이지 말고, 놔 달라
—「반구대 암각화」 전문

 이 시는 '반구대 암각화'라는 고전적인 소재를 대상으로 삼고 있으면서 '로그인'이라는 현대적 부제를 달고 있는 독특한 언밸런스를 보여주는 시이다. 물론 이러한 파격은 그리 과격한 것이 아니지만 그것이 문명적 용어로 문명을 비판하는 일종의 이이제이以夷制夷화법이라는 측면에서 흥미를 더해준다. 세계에서 가장 오래된 고래사냥 암각화로, 태화강 상류의 지류 하천인 대곡천의 중류 절벽에 위치하고 있는 '반구대 암각화'는 유네스코 세계 유산 후보 목록에 기록되어 있지만, 잦은 침수로 인해서 점점 본래의 모습이 유실되어가는 안타까운 유물이다. 화자는 물의 범람으로 인해 벽화에 그려진 "고래 사슴 멧돼지 호랑이들을 몰아내고" "참을성 없이 부풀어" 오른 모습을 보면서 슬픔을 느낀다. 화자 스스로 "내 생은 돌팔이/내 목숨은 날파리"라고 자조하고 있는 것도 이러한 상황을 그냥 보고만 있을 수밖에 없는 무력감 때문이다. 화자는 "죽음을 살리는 건 죽음"이라는 역설적 표현으로, 생명의 죽음을 디지털의 죽음으로 살려낼 수 있음을 이야기하고 있다. 그리하여 죽어가는 암각화를 살려내기 위한 방편으로 "디지털이 아닌 생명의 로그인/아이디: 쿠마 무녀처럼/비밀번호: 날 가두어 물 먹이지 날고, 놔 달라"로 할 것을 제안하고 있다. 약간 우화적인 느낌은 들지만 화자가 디지털을 혐오하면서도 디지털의 핵심 용어로 극복방법을 제시하고 있는 것은 아니러니하다.

> 도시 아파트 동굴 한 채 장만했을 때
> 집이 나를 불안케 했고, 세간 살림이
> 주인이 되어 나를 끌고 다녔다, 짐이 된 물건처럼
> 분리수거해야 할 게 늘어가는 나이가 되면서
> 마음은 부실공사 건물처럼 금이 갔다

> 도시와 집을 떠나
> 모래의 시간이 흘러가는 둔황에 와서
> 임시보관소 지구에 맡겨진 생을 생각하고
> 하늘 주인이 나를 데리러 오기 전에
> 사막 아파트 동굴에서 묻는 연습을 했다
> 지금을 사는 게 아프다면
> 막고굴에서 춤추는 그림자들은
> 삶을 사랑해서 죽음을 새긴 거냐고
> 죽음과 함께 살고 싶어 삶을 문신한 거냐고
> ―「둔황 시첩詩帖-1. 막고굴에서」 전문

 현대인들은 발전한 문명의 이기를 누리고 살아가면서도 늘 불안을 느낀다. 그것은 만족할 줄 모르는 인간의 욕망과 불확실한 미래가 상호작용해서 얻어진 결과이다. 상대평가의 기준 위에 놓인 인간의 삶은 불행하다. 왜냐하면, 그러한 인간에겐 만족이 없기 때문이다. 이 시의 화자 역시 같은 맥락의 사유로 시를 끌고 간다. 화자는 동굴 같은 도시의 아파트 한 채를 장만했지만 기쁨보다는 오히려 그 집으로 인해서 불안을 느낀다. 불어난 세간 살림 역시 화자의 삶을 예속시킬 뿐이다. 부실공사처럼 마음에 금이 간 화자는 막고굴이 있는 둔황을 찾아가서 부자유스럽게 살아온 자신의 삶을 반추해본다. 도시 아파트에서 살면서 생긴 문제를 사막 아파트, 즉 막고굴에 와서 해결하려는 시인의 모습에서 문명에 대한 불신감을 발견할 수 있다. 화자는 막고굴 내벽에 그려진 벽화를 보면서 그들이 "삶을 사랑해서 죽음을 새긴 거냐고/죽음과 함께 살고 싶어 삶을 문신한 거냐고" 질문하면서 고대인들의 문명관을 통해서 "부실공사 건물처럼" 아픔을 느껴온 자신의 문명적 삶을 돌이켜본다.

  배꽃 피는 건
  공중에 눈을 두는 것

  배꽃 피는 마음을 읽는 건
  허공에 길을 내는 것

  배꽃 지는 건
  달빛에 얼비친 나무 그림자를 보는 눈

  배꽃 지는 길을 걷는 건
  달빛에 쓸려가는 파도소리를 듣는 귀

  당신에게 무언가 할 말 있어 꽃을 매달았지만
  당신에게 아무 말도 못한 채 꽃잎만 날렸지만

배꽃 피고 지는 시간
배꽃 읽고 걷는 길을

당신에게 안겨주고,
가고 싶습니다
─「와이파이 배꽃 통신」 전문

인간이 지상에서의 삶을 살아가면서 이 땅의 문명이나 부에 눈을 돌리고 살아가는 것이 '지상에 눈을 두는 것'이라면, 시인이 피어나는 배꽃에 눈을 주는 건 '공중에 눈을 두는 것'이다. 지상에 욕망을 두고 사는 삶이 갇힌 삶이라면 피어나는 배꽃처럼 공중에 눈을 두는 건 사랑과 자유를 지향하는 열린 삶이다. 시인은 배꽃의 이러한 노력을 와이파이가 자유롭게 공중으로 퍼져나가는 것에 비유해 '와이파이 배꽃 통신'이라고 표현한다. 인간은 누구나 사랑하고 헤어지기도 하지만 그 사랑이 의미를 갖기 위해서는 자신이 경험한 사랑을 관조해서 내면화할 줄 알아야 한다. 이 시의 화자는 배꽃이 피고 지고 배꽃 진 길을 걷는 행위를 관조적으로 바라봄으로써 사랑의 소중한 의미를 사랑하는 당신에게 안겨주고 싶어한다. 시인은 "배꽃 피는 건/공중에 눈을 두는 것// 배꽃 피는 마음을 읽는 건/허공에 길을 내는 것"이라고 하여 배꽃처럼 피어나는 사랑에

관심을 가지고 그 마음까지 읽어내는 노력을 '공중'이나 '허공'에 길을 내는 것으로 비유하고 있다. 여기서 '허공'은 광활하고 자유롭지만 한순간에 사라질지도 모르는 위태로운 길이다. 이는 허공을 자유롭게 드나들던 와이파이가 한순간에 끊기는 것과도 같다. 우리가 와이파이를 통해서 보이지 않는 것을 보고 들리지 않는 것을 듣는 것처럼 시인은 "배꽃 지는 길을 걷는" 행위만으로도 "달빛에 쓸려가는 파도소리를 듣"는다. 문영 시인은 이처럼 '와이파이'와 같은 문명적 소재를 '배꽃'이라는 자연적 소재에 활용해서 시적 효과를 배가시킨다. 하지만 문영 시인이 궁극적으로 추구하는 것은 문명이 아니라 자연이다.

4. 일상적 삶을 새롭게 각인시키는 비유적 상상력

일반인들과 달리 시인은 세상이나 사물을 다르게 보고 그것을 통해 평범한 눈으로는 볼 수 없는 것을 발견하거나 새로운 시적 공간을 창출해낸다. '다르게 보기'나 '비틀어보기'는 현대시학이 중요시하는 낯설게 하기의 일종으로 시를 쓸 때 쉽게 활용하는 기본적 기법에 속한다. '다르게 보기'의 기법 중에서 가장 효과적인 것은 비유이다. 그중에서 은유는 시인들이 가장 친근하게 활용하는 비유이다.

현대시를 크게 두 부류로 나누면 은유 시와 환유 시로 수렴된다. 이 글의 초두에서 언급한 아이러니나 역설을 자주 활용하는 시는 대개 환유 시이고 은유나 직유 등을 활용하는 시는 은유 시의 범주에 넣을 수 있다. 문영의 시는 다양한 비유법을 활용해서 효과적으로 주제를 형상화한다. 아이러니나 역설의 시들은 앞에서 살펴보았기 때문에 여기서는 은유나 제유를 활용한 시들을 살펴보기로 하겠다.

    느려 터지니
    후회가 전세금을 올리겠다

    물러 터지니
    쓰림도 월세 놓겠다

    뜸 들어야 여무는 열매처럼
    서로가 서로를 부를 때까지

    내가 나를 벌 세워야
    피는 공중 노역
    내가 나를 파야
    열리는 꽃집

    *   *   *

    주인은 꽃, 손님은 운명

주인이면서 손님인 당신
나 덧없습니다
내 안에 꽃집입니다

꽃이면서 주인, 운명인 당신
나 끝없습니다
내 안의 시집입니다

―「내 안에 꽃집」 전문

문영 시인의 시 중에서 은유적 상상력을 가장 잘 보여주는 시는 앞에서 거론한 바 있는 「와이파이 배꽃 통신」이다. 하지만 이 시 말고도 문영 시에서 은유적 상상력이 바탕을 이루고 있는 시는 많이 있다. 「내 안에 꽃집」도 그중의 하나이다. 이 시는 서두부터 은유적 화법이 시적 긴장감을 유발한다. "느려 터지니/후회가 전세금을 올리겠다"가 어떻게 은유냐고 묻는 이도 있겠지만, "느려 터진 것은 후회를 늘리는 것이다"로 어법을 바꾸어보면 기본 구조가 은유에 바탕을 둔 것임을 쉽게 알 수 있다. 굳이 풀어서 설명하지 않아도 "후회가 전세금을 올리겠다"는 표현 자체도 의인법을 활용한 은유이다. "물러 터지니/쓰림도 월세를 놓겠다"도 같은 구조로서 "물러 터진 것은 쓰림을 확장 시키는 일"이라는 뜻을 함축하고 있다. 이런 구조는 4연의 "내가 나를 벌 세워야/피는 공중 노역/내가 나를 파야/열리는 꽃집"에도 동일하게 나타난다. 내가 나를 벌 세우는 일과 꽃이 공중에서 피는 일은 사실 아무 상관이 없지만 시인은 은유적 상상력으로 나와 꽃과의 관계를 새롭게 정립한다. 세 개의 별표 아래에 있는 두 번째 단락은 거의 'A는 B'라는 전형적인 은유 구조를 보여준다. 시인은 꽃집의 주인으로 '꽃'을, 손님을 '운명'으로 은유하고 나서 '당신'을 꽃이고 운명인 '내 안에 꽃집'과 '내 안에 시집'으로 은유하고 있다. 여기서 '내 안에 꽃집'이라는 발화는 '내 안의 꽃집'을 일상적 화법으로 표기한 것으로 볼 수 있다.

집게에 매달린 옷이 버둥댄다
검은 물이 허옇게 바래진다
햇볕 아래 졸다가 버럭 고함을 친다
지워지지 않는 땟자국이 바람을 부르자
소금의 시간이 깃발처럼 펄럭인다

치매는 늙지도 않아
비 오는 날은,
죽은 시부모를 빨랫감으로 두드리고
햇살 쟁쟁하던 날은,
바깥살림 차려 나간 남편을
무덤에서 불러내어 쥐어짜기도 했다

> 빨래가 된 벌레가 있다
> 부엌을 오가는 밥그릇을 들고
> 옛 시골집을 돌다
> 아파트에 팽개쳐진 여자가 있다
> 구정물을 떨어뜨리며 간 길
> 지워지지 않는 생의 비밀이 있다
> 벌레가 된 빨래가 있다
>
> ―「빨래 벌레」 전문

'빨래 벌레'라는 이 시의 제목은 우리가 공부만 아는 사람을 '공부 벌레'라고 말하듯이 은유를 활용한 표현법이다. 그런데 이 시에서 주목되는 것은 은유가 아니라 제유이다. 물론 이 시도 검은 물이 "버럭 고함을 친다"거나 "빨래가 된 벌레가 있다"와 같이 은유를 활용하고 있지만, 이 시의 묘미는 집게에 매달린 빨래를 통해서 '죽은 시부모'나 "바깥살림 차려 나간 남편"을 호출해내는 제유에 있다. 부분을 전체로 보거나 전체를 부분으로 보는 것이 제유인데 여기서 시부모나 남편의 일부인 '빨래'를 통해서 전체인 그들의 삶을 조망하고 있다는 점에서 흥미를 더해준다. 이런 관점에서 1연을 보면 "집게에 매달린 옷이 버둥"대는 것이나, "검은 물이 허옇게 바래"져서 "햇볕 아래 졸다가 버럭 고함을" 치는 정황이 실감나게 다가온다. 아내가 바람난 남편을 쉽게 용인할 수 없듯이 빨래에는 종종 "지워지지 않는 땟자국"이 남게 마련이다. 시인은 이러한 시간을 '소금의 시간'으로 명명한다. 3연에 오면 시부모나 남편뿐 아니라 아내로 상정되는 화자 자신도 '빨래'가 된다. 흔적이 잘 지워지지 않는 빨래에 파묻혀 살다가 자신도 끝내 빨래가 된 "아파트에 팽개쳐진 여자"의 삶은 빨래처럼 기구하다. 이러한 삶은 인간의 삶이 아니라 벌레의 삶과 다르지 않다. "벌레가 된 빨래가 있다"는 이 시의 마지막 구절이 큰 울림으로 다가오는 것도 그 때문이다.

이상에서 살펴본 바와 같이 문영 시인의 시들은 '바다'와 '꽃' 이미지를 중심 축으로 갯내음 나는 이들의 삶을 다양한 화법으로 펼쳐 보여준다. 특히 역설과 아이러니, 은유와 제유를 활용한 시인의 다양한 화법은 시의 긴장감을 더해주고 정서적 울림이나 상상력의 폭을 넓혀서 문영의 시를 리듬감 있게 입체적으로 확장시켜주는 역할을 하고 있다. 문영 시는 화려함보다는 변방에 눈을 주고, 문명보다는 자연에 더 큰 애정을 느끼고 반구대 암각화처럼 옛것을 통해서도 새로운 것을 발견해내는 '법고창신法古創新'의 정신이 깃들어 있다. 특히 '로그인'이나 '와이파이'와 같은 문명적 용어로 문명을 비판하는 일종의 이이제이以夷制夷 화법을 보여주고 있는 것은 주목할 만하다. 문단활동을

40년도 넘게 한 중견 시인이면서도 늘 겸손하게 시의 정도를 걷고 있는 모습은 젊은 시인들의 귀감이 된다. "허무를 인정함으로써 허무를 극복하고 망함으로써 영원을 추구한다"(시인의 말)는 그의 역설적 시정신은 앞으로 펼쳐질 시인의 미래를 더욱 밝게 해 주리라는 믿음을 갖게 한다.

문영文英

1954년 거제 출생. 1978년 통영에서 최정규 시인 등과 <물푸레> 동인으로 활동. 1988년 『심상』 신인 문학상으로 등단. 시집 『그리운 화도』 『달집』 『소금의 날』과 비평집 『변방의 수사학』(2018)과 산문집 『발로 읽는 열하일기』(2019) 발간. 창릉문학상(2019) 수상. 현재 오영수문학관 문예창작(시) 지도교수를 맡고 있다.

서정시학 시인선 163
바다, 모른다고 한다

2020년 01월 21일 초판 1쇄 발행

지 은 이 · 문영
펴 낸 이 · 최단아
펴 낸 곳 · 도서출판 서정시학
인 쇄 소 · ㈜ 상지사
주　　소 · 서울시 서초구 서초중앙로 18, 504호 (서초쌍용플래티넘)
전　　화 · 02-928-7016
팩　　스 · 02-922-7017
이 메 일 · lyricpoetics@gmail.com
출판등록 · 209-91-66271

ISBN 979-11-88903-38-2 03810
계좌번호: 국민 070101-04-072847   최단아(서정시학)

값 12,000원

* 잘못된 책은 바꾸어 드립니다.

이 도서의 국립중앙도서관 출판예정도서목록(CIP)은 서지정보유통지원시스템 홈페이지(http://seoji.nl.go.kr)와 국가자료공동목록시스템(http://www.nl.go.kr/kolisnet)에서 이용하실 수 있습니다.(CIP제어번호: CIP20190051435)

서정시학 시인선 목록

001 드므에 담긴 삽 강은교, 최동호
002 문열어라 하늘아 오세영
003 허무집 강은교
004 니르바나의 바다 박희진
005 뱀 잡는 여자 한혜영
006 새로운 취미 김종미
007 그림자들 김 참
008 공장은 안녕하다 표성배
009 어두워질 때까지 한미성
010 눈사람이 눈사람이 되는 동안 이태선
011 차가운 식사 박홍점
012 생일 꽃바구니 휘 민
013 노을이 흐르는 강 조은길
014 소금창고에서 날아가는 노고지리 이건청
015 근황 조항록
016 오늘부터의 숲 노춘기
017 끝이 없는 길 주종환
018 비밀요원 이성렬
019 웃는 나무 신미균
020 그녀들 비탈에 서다 이기와
021 청어의 저녁 김윤식
022 주먹이 운다 박순원
023 홀소리 여행 김길나
024 오래된 책 허현숙
025 별의 방목 한기팔
026 사람과 함께 이 길을 걸었네 이기철
027 모란으로 가는 길 성선경
029 동백, 몸이 열릴 때 장창영
030 불꽃 비단벌레 최동호
031 우리시대 51인의 젊은 시인들 김경주 외 50인
032 문턱 김혜영
033 명자꽃 홍성란
034 아주 잠깐 신덕룡
035 거북이와 산다 오문강
036 올레 끝 나기철
037 흐르는 말 임승빈
038 위대한 표본책 이승주
039 시인들 나라 나태주
040 노랑꼬리 연 황학주
041 메아리 학교 김만수
042 천상의 바람, 지상의 길 이승하
043 구름 사육사 이원도
044 노천 탁자의 기억 신원철
045 칸나의 저녁 손순미
046 악어야 저녁 먹으러 가자 배성희
047 물소리 천사 김성춘
048 물의 낯에 지문을 새기다 박완호
049 그리움 위하여 정삼조
050 샤또마고를 마시는 저녁 황명강

051	물어뜯을 수도 없는 숨소리	황봉구
052	듣고 싶었던 말	안경라
053	진경산수	성선경
054	등불소리	이채강
055	우리시대 젊은 시인들과 김달진문학상	이근화 외
056	햇살 마름질	김선호
057	모래알로 울다	서상만
058	고전적인 저녁	이지담
059	더 없이 평화로운 한때	신승철
060	봉평장날	이영춘
061	하늘사다리	안현심
062	유씨 목공소	권성훈
063	굴참나무 숲에서	이건청
064	마침표의 침묵	김완성
065	그 소식	홍윤숙
066	허공에 줄을 긋다	양균원
067	수지도를 읽다	김용권
068	케냐의 장미	한영수
069	하늘 불탱	최명길
070	파란 돛	장석남 외
071	숟가락 사원	김영식
072	행성의 아이들	김추인
073	낙동강 시집	이달희
074	오후의 지퍼들	배옥주
075	바다빛에 물들기	천향미
076	사랑하는 나그네 당신	한승원
077	나무수도원에서	한광구
078	순비기꽃	한기팔
079	벚나무 아래, 키스자국	조창환
080	사랑의 샘	박송희
081	술병들의 묘지	고명자
082	악, 꽁치 비린내	심성술
083	별박이자나방	문효치
084	부메랑	박태현
085	서울엔 별이 땅에서 뜬다	이대의
086	소리의 그물	박종해
087	바다로 간 진흙소	박호영
088	레이스 짜는 여자	서대선
089	누군가 잡았지 옷깃,	김정인
090	선인장 화분 속의 사랑	정주연
091	꽃들의 화장 시간	이기철
092	노래하는 사막	홍은택
093	불의 설법	이승하
094	덤불 설계도	정정례
095	영통의 기쁨	박희진
096	슬픔이 움직인다	강호정
097	자줏빛 얼굴 한 쪽	황명자
098	노자의 무덤을 가다	이영춘
099	나는 말하지 않으리	조동숙
100	닥터 존슨	신원철

101	루루를 위한 세레나데	김용화
102	골목을 나는 나비	박덕규
103	꽃보다 잎으로 남아	이순희
104	천국의 계단	이준관
105	연꽃무덤	안현심
106	종소리 저편	윤석훈
107	칭다오 잔교 위	조승래
108	둥근 집	박태현
109	뿌리도 가끔 날고 싶다	박일만
110	돌과 나비	이자규
111	적빈赤貧의 방학	김종호
112	뜨거운 달	차한수
113	나의 해바라기가 가고 싶은 곳	정영선
114	하늘 우체국	김수복
115	저녁의 내부	이서린
116	나무는 숲이 되고 싶다	이향아
117	잎사귀 오도송	최명길
118	이별 연습하는 시간	한승원
119	숲길 지나 가을	임승천
120	제비꽃 꽃잎 속	김명리
121	말의 알	박복조
122	파도가 바다에게	민용태
123	지구의 살점이 보이는 거리	김유섭
124	잃어버린 골목길	김구슬
125	자물통 속의 눈	이지담
126	다트와 주사위	송민규
127	하얀 목소리	한승헌
128	온유	김성춘
129	파랑은 어디서 왔나	성선경
130	곡마단 뒷마당엔 말이 한 마리 있었네	이건청
131	넘나드는 사잇길에서	황봉구
132	이상하고 아름다운	강재남
133	밤하늘이 시를 쓰다	김수복
134	멀고 먼 길	김초혜
135	어제의 나는 내가 아니라고	백 현
136	이 순간을 감싸며	박태현
137	초록방정식	이희섭
138	뿌리에 관한 비망록	손종호
139	물속 도시	손지안
140	외로움이 아깝다	김금분
141	그림자 지우기	김만복
142	The 빨강	배옥주
143	아무것도 아닌, 모든	변희수
144	상강 아침	안현심
145	불빛으로 집을 짓다	전숙경
146	나무 아래 시인	최명길
147	토네이토 딸기	조연향
148	바닷가 오월	정하해
149	파랑을 입다	강지희
150	숨은 벽	방민호

151 관심 밖의 시간　　　　　　　　　　　강신형
152 하노이 고양이　　　　　　　　　　　유승영
153 산산수수화화초초　　　　　　　　　 이기철
154 닭에게 세 번 절하다　　　　　　　　이정희
155 슬픔을 이기는 방법　　　　　　　　 최해춘
156 플로리안 카페에서 쓴 편지　　　　　한이나
157 너무 아픈 것은 나를 외면한다　　　 이상호
158 따뜻한 편지　　　　　　　　　　　　이영춘
159 기울지 않는 길　　　　　　　　　　 장재선
160 동양하숙　　　　　　　　　　　　　신원철
161 나는 구부정한 숫자예요　　　　　　 노승은
162 벽이 내게 등을 내주었다　　　　　　홍영숙